디아스포라의 발자국

러시아 시편

김윤배 시집

디아스포라의 발자국
러시아 시편

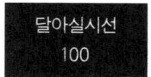

달아실시선
100

달아실

보조 용언과 합성 명사의 띄어쓰기 등 본문의 맞춤법은 시인의 의도에 따른 것임.

광활한 대지를 건너며 나는 아무것도 생각할 수 없었다.
마음이 대지를 껴안고 있었던 것이다.
마음이 강물을 껴안고 있었던 것이다.
마음이 자작나무숲을 껴안고 있었던 것이다.

이 시편들은 지금도 내 마음이 머물고 있는
대지의 이야기다.

2025년 10월
詩景齋에서 김윤배

차례

디아스포라의 발자국

러시아 시편

시인의 말　　　5

1부. 신한촌의 봄

신한촌의 봄　　　12

마방馬房의 기억　　　14

라즈돌로니예역　　　16

수이푼강은 문신을 남긴다　　　18

안개　　　20

소실점을 보았다 말해야 한다　　　22

알혼의 별　　　24

발틱해　　　26

연가　　　28

애기똥풀꽃의 영혼　　　30

엉겅퀴꽃　　　32

질문　　　34

2부. 바이칼 눈빛

예니세이강   36

나타샤   38

노보시비리스크역   40

덫   42

바이칼 눈빛   44

볼가강   46

백야   48

늪   50

대지   52

순백의 영혼   54

밤 차창으로 보았던 붉은 꽃   56

나무다리 아래서의 생각   58

언약   60

3부. 코카서스의 겨울

종지기　　64

붉은 내가 붉은 나를　　67

죄에 끌리다　　68

코카서스의 겨울　　70

네바강　　72

앨버트로스의 날개　　74

블라디보스토크항의 저녁 한때　　76

바람의 기억　　77

검은 흙 한 줌　　78

천산산맥을 넘었다　　80

4부. 리까제리나

박 헬렌　84

광장시장　86

낮달　88

리까쩨리나　90

루바　92

김 예브게니야 여사　94

정착지　96

아무르강　98

우랄산맥은 배반이다　100

시베리아 횡단열차를 타다　102

아바이에서　104

마지막 밤　106

저기, 달빛이　108

5부. 묘지의 적막

이륙 112

묘지의 적막 114

폐철선 115

이르쿠츠크의 반역들 116

율라츠크 통나무집 118

8월의 이르쿠츠크역 120

타이가역 122

아무르강 교각에 문신 있다 124

레나강 126

타이셰트역 128

만찬 130

쑥 132

까라다우강에 잠긴 천산산맥 134

데껠레 계곡의 햇살 136

여파 138

여름 코스모스 140

수즈달에서의 하루 141

시인의 산문

범독泛讀 142

1부

신한촌의 봄

신한촌의 봄

아무르만은 밤마다 구릉을 넘어
기울어진 마음 가득 출렁거렸다
사내들에게 여자였다면
아녀자들에게 남정네였던

아무르만, 유민의 첫 정착 마을 감싸 돌던 위안의 바다

여기서는 아무르만은 보이지 않는다

살구꽃비 신한촌* 언덕을 적시고 있다
까레이스키의 길이었던 하바로프스카야 거리는
북국의 봄이 잠시 머문다
길은 아무르 강물 거슬러 우수리스크나 하바롭스크
혹은 더 멀리 캄차카에 이르러
먹먹한 가슴 쓸어내리며 백야 건너겠다
그 먼 길 위, 수많은 디아스포라의 발자국
더욱 깊어져 생각에 잠기겠다

누군가 신한촌 기념비에 놓고 간 국화 한 송이 시들었다

막연한 그리움이었던 연해주, 이처럼 먹먹한
고국의 언어다

* 블라디보스토크의 1930년대 고려인 정착촌.

마방馬房의 기억

도로에서 내려다보이는
언덕 아래 허름한 벽돌집은 마방이었다
마방 이전의 기억은 블라디의 깊은 안개에 닿는다

유민으로 떠돌다 바다가 보이는 언덕에 지친 영혼을 내
려놓았을
　그리하여 부두 노동이거나 캄차카 바다까지 나가는 거
친 조업이거나
　그 삶이 신산하여 만곡의 바다로 떨어지는
　붉은 해를 오래 보았다고 슬픈 일은 아니다

먼 고국은 슬픔보다 진했다

콜레라로 아이 몇, 붉은 해 놓치고
노인 몇, 먼 고국에 눈동자를 굳혔다 한들
강제 이주의 어설픈 명분이었다
아이들 웃음 터지던 자리에 군대의 마방이 들어서고
마방은 군마를 살찌워 연방의 더러운 음모를 달렸다

그 후 북국은 절망이었다 고국은 더 깊은 절망이었다

북국의 혹한은 자작나무숲으로
밀정의 길을 내기도 하고
투사를 길을 열기도 했다
그때, 말똥 냄새 가득 채워 개척리*의 꿈을 유린당했던
아픈 기억을
까레이스키 유랑의 길 위에서 지운다
지운다고 지워질까
지워질까

* 블라디보스토크의 최초의 한인 정착지로 마병부대가 주둔하면서 신한
  촌 지역으로 강제 이주당한다.

라즈돌로니예역

그들이 기억하지 못하는 걸 나는 기억한다
그들이 기억하고 싶지 않은 걸 나는 기억한다
기억이란 역병의 끝이다
무섭고 더럽다

라즈돌로니예역*이 그렇다
북국의 봄볕이 역사를 투명한 침묵 위에 올려놓는다
아무르 강물 타오른다
강울음이다
강울음 구릉을 넘어 라즈돌리예역으로 범람한다
곳곳에서 격랑을 이루는 울음소리를 그들은 들었을 것
이다
애써 울음을 참고 있던 사내들 목덜미 퍼렇게 일어선다

호루라기 소리 원동의 무거운 침묵을 깬다
기마병이 휘두르는 채찍 소리가 날카롭다
강울음 온통 라즈돌로니예역 삼킨다
강울음 화물칸으로 빨려 들어간다
수천의 울음들 붉은 어둠으로 스민다

조용하고 재빠르게 어둠을 건너는 울음은
혈육이어서 더 남루하다

열차 움직이기 시작할 때
중년 사내 몇 숨가쁘게 오른다
내 기억이 와르르 무너진다
기억이란 무서운 것도 더러운 것도 아닌가보다
한 사내가 마른 식빵을 건넨다
질긴 식빵 속에
아무르강 울음 박혀 있다

* 연해주에 있는 시골 역으로 1937년 9월, 중앙아시아 강제 이주를 위해
  한인을 태운 시베리아 횡단열차가 처음 출발한 곳이다.

수이푼강은 문신을 남긴다

그때 유민의 길에 오르던 사람들 마음을 흐르던 강이다
가슴을 붉게 물들이며 흐르는 강이다
아무르만의 짙은 안개를 밤서 풀어놓은 강이다

강은 시베리아 횡단열차 차창을 급류로 채워 흐른다
차창에 낯선 사람 얼굴 떠 있다
그는 차창 밖을 오래도록 보고 있다
자작나무숲을 지나며 강물은 순해지는가 싶다
그는 그때까지 차창에 떠 있다

황급한 승차로 내 생각은 갈피를 잃었다
강은 생각의 갈피 사이를 흐르기 시작했다
막연한 슬픔이었던 연해주를 며칠째 울면서 건넌다

열차는 우수리스크에 잠시 머물다 떠난다
간이역 오제르나야를 지나 무츠나야를 지나 슈바코브
카 지나
하바롭스크에 닿을 것이지만

연해주를 벗어날 즈음 슬픔도 손을 잡을 수 있겠다
다시 차창으로 강물이 넘친다
강물 위로 그의 눈물이 흐른다
붉고 깊은 눈물의 흔적이 연해주에 문신을 남긴다

마침내 그들의 장려한 울음을 보았다

안개

저기 아무르만,
해안을 지우며 몰려오는 두려움 같은 거
고국은 멀리 있고
두어 벌 옷은 오래전에 낡았다
혹 경성이나 함흥 사람 만날 수 있을지 하던
설렘도 아무르만에 이르러
붉어지는 눈빛이었다

어제는 우수리스크 한국역사관 뜰에서
검은 흙을 고르는 북쪽 사람 굳은 손바닥을 잡았다
따스한 체온이 넘어왔다
노역의 시간이 흐르면
그도 지독한 안개 속으로 길을 찾아 나설 것이다

아무르만의 안개는
단호하고 완벽하게 사람들 가슴을 덮친다

그 후
모든 길이

모든 침엽수림이
모든 색깔이 사라지고
안개의 도시가
안개의 바다가
안개의 하늘이 세워진다
마침내
안개의 말들
세상을 가득 채운다

소실점을 보았다 말해야 한다

시베리아 횡단열차 속
핫초코 한 잔은 한 시대의 치명적 불륜이다

세포마다 웃음소리 터지고 몸이 녹아내린다
등골에 단내 나는 구름솜사탕 내앉고
혀 속에서 혀가 녹는다

말의 기포들이 수없이 올라온다
낡은 시대를 위해서 세워지고 있는 달콤한 말의 성채
구름을 깎아 주춧돌을 놓고
길고 아름다운 회랑을 세운다
핫초코 한 잔은 시대를 치정으로 엮는다

마지막 한 모금을 검붉게 넘기며
긴 탄식을 회랑에 건다
달콤했던 전망으로 넋 놓았던 밤은 낡았다
죽음보다 깊은 손길이
시대의 늙은 가슴을 헤집는다
그곳에 예단하지 않았던 심장이 뛰고 있었다

붉게 터지기를 기다리는 혁명의 심장, 심장들
시베리아 횡단열차는 피를 뿌리며
우랄산맥을 넘는다

백야는 지평선 멀리 길고 아득한 시간을 깐다
광장에는 레닌의 동상이 청동의 푸른 녹을 입는다
이제는 자줏빛 자작나무숲이 경련하며 멀어지는
소실점을 보았다 말해야 한다

알혼의 별

자작나무 장작 태워 어둠 불렀다
알혼*의 별을 보기 위해, 사내들은 진지했다

어둠은 쉬이 오지 않았다
백야의 알혼은 자운영꽃을
오래도록 바람 앞에 흔들리게 했다

자정이 넘었다 서쪽 하늘이
스르르 눈을 감고 어둠을 풀었다
별 하나 떨며 나타났다

모닥불 불씨를 모래로 덮으며
별을 기다리던 사내들이
알몸으로 어둠 속을 춤추기 시작했다

알혼의 별을 향한 경배가 시작되었다
경배는 보드카 술병에 차오르는
사내들의 뜨거운 눈물이었다

별들,
사내들 가슴으로 내렸다
늙어가는 사내들이 젊은 날의 사내들을 만났다
영혼을 떨게 했던 별들,
알혼의 어둔 자작나무숲 위에
사내들 어둔 가슴 위에
젊은 언어로 내리고 있다

꿈이 잠들면 별이 내리지 않는다는 걸
사내들은 어찌 알았을까

* 바이칼 호수 안에 있는 섬으로 사만의 시원을 이룬다.

발틱해

어두워질 줄 모르는 발틱해는
어두워질 줄 몰라 서러웠다

여름궁전의 점령은 짜릿한 승부수였으며
자폭의 두려운 신화였으나
왕조가 무너지듯, 내 평생의
사랑이 무너지는 참혹한 순간을 발틱의 너울에 기록한다
해도에 그려 넣었던 어떤 이미지도 허상이었다
일상을 향해 쏘아 올린 어떤 비유도 공허했다
열어야 하는 성문은 견고했으며
내 사랑은 비웃음으로 가득찼다

끝 모를 수심 속으로 가라앉던 은유들
수억 톤의 압력을 견디며
또 다른 사랑으로 태어나기를 기다리던 전율들은
발틱의 노을에 걸려 수 세기를 건너고 있다

내, 검붉은 눈빛이 백야를 건너지 못하고 있다
참혹한 상실의 발틱,

깊고 푸른 물길의 두려운 깊이에 나, 떨고 있다

연가

앙가라강*은
바이칼을 찢으며 급류를 이루기 시작했다

긴 여정의 고통을 잊은 채
바이칼에 안기는 수백의 강들,
빙벽을 넘고 툰드라를 지나
대지를 적시며 계절을 부르던 기억을
어찌 버릴 수 있을까

강들은 바이칼의
달콤한 포옹,
부드러운 눈빛,
빛나는 아침햇살에
지친 영혼을 놓고 만다
강들에게 샤먼의 신비한 북소리는
죽음에 이르는 축제였다

바이칼에 기대어 수수만년 신비의
신화, 쌓을 수 있었던

앙가라강의 발원은
용기가 아니었다
도전이 아니었다
멈춰버린 시간에 대한
두려움이었다
죽은 시간의 잠언 위에
살아 있는 물길 내고 싶었던

앙가라강은 시베리아의 광활한 대지를 조용히 껴안는다

* 앙가라강은 바이칼에서 발원하는 유일한 강이다.

애기똥풀꽃의 영혼

말머리 뼈를 깔고 앉아 도시락을 먹는다
말의 영혼이 잠시 자리를 비운 사이,
도시락이 비워지고 알혼섬으로 가는
여섯 시간의 여정은 끝이 보이는 듯하다
삶이 씁쓸하고 눅눅했다는 생각,
환한 햇살로 말리며 초원을 걷는다
햇살이 초원 위에서 멸치 떼로 파닥인다
말의 영혼이 돌아오는 듯,
서쪽 하늘이 잠시 붉어진다

내 영혼이 눈부시다
발걸음 옮길 때마다 밟히는 애기똥풀꽃은
앙증맞은 영혼이다

시베리아의 혹독한 계절을 견딘 초원의 야생화들,
눈물겨운 영혼이다
짧은 생애를 후회 없이 산다
뿌리에게 영혼을 맡길 줄 알아 혹한을 견딘다
애기똥풀꽃 보이지 않게 흔들린다

저처럼 부르면 달려오는 영혼이다
애기똥풀꽃 오래도록 떠나지 않고 있는
바람의 영혼은 조심스럽게 먼 지평선 흔든다
지평선이 내는 조용하고 무거운 현음이
드넓은 초원으로 물감처럼 번져온다
마침내, 애기똥풀꽃의 영혼은
낡고 오래 아픈 신발에 깃든다

엉겅퀴꽃

다가가면 저만치
바이칼 속으로 물러나는
너를 무엇이라 부르리 보랏빛 축복이라
부르리 저주라 부르리

바람의 문 닫히고 달빛 흐려질 때
강신의 뜨거운 몸, 어둠 속으로 던진다
경계를 넘나드는 중성 목소리는
엉겅퀴 격렬한 사랑의 흔적으로 남는다
달빛과 샤먼이 낳은 부르한 바위*는
너, 치정의 신전이다

보랏빛으로 물드는 신전은 알몸의 성찬이다

백야의 새벽 세 시 엷어지는 어둠은 매혹이다

엉겅퀴꽃 지천인 알혼섬
무한꽃차례를 기다려도 보랏빛 감옥은 어둡지 않다
바이칼은 수심 깊이 바람의 계단 열어 보이다가도

눈썹 하나의 높이로 엉겅퀴 꽃가슴 숨긴다

더는 너를 부르지 않겠다
엉겅퀴꽃 무한꽃차례에 얹혀
바이칼 깊은 수심 혹은 부르한 바위 그늘에
예언을 모르는 샤먼으로 머물겠다

* 알혼섬에 있는 샤만의 바위.

질문

한 여자를 사랑하게 된 후, 앙가라강의 젖빛 가슴이 던지는 무거운 질문을 피할 수 없었다 질문은 강 안의 울울한 침엽수림을 이룬다 검은 화살표들이 던지는 질문의 숲, 새벽 세 시의 막말이 울창한 욕망이었다는 걸 깨닫는다 그 밤의 마지막 말은 참혹했으나 강물처럼 흘려보낼 수는 없었다 치명적이어서 담담한 시간 이후 질문은 흰 뼈의 순결을 그대로 두지 않는다 침엽수림의 체향이 바뀐 것을 앙가라강은 알고 있었다

후회 없이 급류 속으로 나머지 생을 던질 수 있을지, 그 후에도 침엽수림의 무거운 질문을 견딜 수 있을지 알 수 없다 사랑 그 치유 불가능의 떨림은 이르쿠츠크 광활한 대지를 덮고 있는 침엽수림 사이를 흐르는 앙가라강에서 시작되었다 침엽수림마다 강물의 성문聲紋이 기록되었다 오랜 후에 질문이 사랑이었으므로 앙가라강은 출혈을 멈추고 만월로 기운다

2부

바이칼 눈빛

예니세이강

타누올라산맥*과 동사얀산맥*을 핥기 시작한 여린 혀

산맥을 타고 내려오며 성장하는 혀

혀로 혀를 찾으며 급류를 타는 혀

부드러운 능선을 핥아 내리는 분홍빛 혀

계곡을 핥는 거칠고 붉은 혀

암석의 속살을 무너뜨리는 달콤하고 깊은 맛의 혀

늪지를 느리게 핥으며 달빛을 담아내는 혀

대지의 벌거벗은 사타구니를 핥는 혀

혀를 찾아 수천 마일 밤낮 없이 달려가는 혀

혀가 혀를 맞아 하나가 되고 또 다른 혀를 맞아 하나가

되는 혀

오랜 지명을 혀 아래 숨겨 낡아가게 하는 혀

묘지를 비껴 흐르는 별빛을 거두어가는 혀

바람의 뼈를 핥다 상처 입는 혀

야생화의 뿌리에 거처 마련하고 잠깐씩 머무는 혀

대지에 잠들어 있는 흰 뼈들의 속삭임을 맛보는 혀

새로운 삼각주를 낳고 신생의 땅을 감아 핥는 혀

결빙의 순간을 맞아 몸의 뼈들이 푸르게 변하는 날의

날카로운 혀

나는 무수한 혀를

크라스노야르스크**를 빠져나오는 철교를 건너며 본다

홀로 취하고 깨는 보드카, 아직은 남아 있다

보드카는 예니세이강의 마지막 혀다

* 예니세이강의 발원지.
** 예니세이강 하구의 도시로 시베리아 횡단열차가 지난다.

나타샤

후지르 마을 민박집 여자 나타샤는 햇살이다

투숙객이 오는 날은
침대 시트 갈며 홍조 띠고
샤샤 부르는 목소리 한결 높아진다

롱드레스 조심스럽게 끌며 홍차 우리는 나타샤는
다알리아 꽃향기로 새벽 울안에 퍼진다

알혼섬 찾아온 남자와 겨울 달빛 밟았다
달빛 든 알혼섬이 그녀의 배 안으로 들어왔다
계절이 몇 번을 바뀌고도 남자의 눈빛 흐려지지 않았다
새벽마다 남자의 뜨거운 입김 안개로 피어올랐다
바이칼은 멀리 밀려나 있었다

눈동자 새까만 그녀의 딸 샤샤는
여행객이 건네는 어떤 선물에도 고개 젖는다
샤샤가 환하게 웃을 때마다 다알리아꽃 흔들렸다
나타샤는 그 풍경 그윽히 건너다본다

쇠기러기 떼 바이칼 건넌다
아득하게 멀어지는 쇠기러기 떼 다시 바이칼 찾을까
생각 많은 알혼섬 후지르 마을은 백야로 기운다

노보시비리스크역

너는 숨어 있는 도시의 숨통이었다
음모가 도시를 채우고 있었으므로
너는 두려운 골목을 늪지를 향해 열어놓았다
시베리아의 늪지는 수백 킬로를 달려
위험한 사람들 음험한 눈빛을 묻는다

원동으로 달려가던 열차 잠시 머물러
식수 채우던 날의 텅 빈 화물차
9월의 음모 가득 실었던 일
너 알고 있었다 그때
새로운 시베리아라고 불렀던 건
미지의 세상이라는 의미가 아니라
정복의 땅이라는 거
너 알고 있었다

원동 유민들 중앙아시아로 내몰았던
너, 노보시비리스크역*이여
복선의 철길로 슬픈 사람들 슬픈 숨결 숨겼었다
몇 달 밤 슬픈 열차를 맞았으며

기적소리 없이, 필경은
죽음에 이를 철길을 보냈던 너

노보시비리스크역에서
시베리아 횡단열차는
너무 무겁게 오래 머문다

* 이 역에서 중앙아시아로 내려가는 철로가 갈린다. 그 세 번째 역이 강제
  이주 한인을 내려놓은 카자흐스탄의 우슈토베역이다.

덫

기원을 몰랐다면
강림을 몰랐을
그 불문不問의 골목은
마침내 사람이다
계집들은 어둠 속에서 엉덩이를 까고
사내들은 사타구니에 손을 넣고 건들거렸을
부랑자들의 거리, 센나야 광장*은
마침내 사람이다

나는 광장의 나무의자에 앉아
발찌까를 마시고 있다
쓴맛이 혀끝을 맴돌아 어둠과 만난다
도시의 골목들이 숨기고 있는
근친 살인과 매춘과 폭력과 마약은
마침내 사람이다

끈적거리는 도시의 여름밤은
그러므로 사람이다

발찌까도 취할수록 사람 냄새 그립다
죄를 짓기 위해 건넜던 코쿠쉬킨 다리도
그러므로 사람이다

지하철로 내려간 사람은 돌아오지 않고 있다

덫, 사람 덫에 걸린 사람은 용서를 안다
그도 이 도시를 용서했을 것이다

* 도스토옙스키 소설 『죄와 벌』의 배경이 되었던 광장.

바이칼 눈빛

경배하는 것으로
전율하는 것으로
바이칼이라 부를 수는 없다
드넓은 차오름과
시원의 바람과 웅장한 침묵을
바이칼이라 부를 수는 없다
이미 내 안에 그것들은 그 모습으로 있었다

살아서 바이칼에 몸 밀어 넣을 수 있다면
내가 건너온 많은 날들이
새로운 빛깔을 입어
목관의 모서리를 빛낼 거라고 믿었던 시간이 있다
바이칼은 배반이었다

예비된 감동을 바이칼은 알고 있었다
냉정과 초연은 인간에 대한 조소였다
바이칼 가는 길의 황무지는 구원의 전조이다
되돌아보는 날들이 저렇게 붉고 거칠어야 하는 거다
마음이 황무한 땅을 적시고

바이칼 물빛을 적신다
깊푸른 눈으로 대지를 응시하는 바이칼은
생의 시작이며 완성임을
저처럼 명료하게 보여준다

볼가강

너 비록 멀리 있어도 넌 내게 머물러 있다*

오래도록 늪지에 엎드려 울던 너를
볼가강 하류에서 만난다
네가 나를 흐르며 세웠던 삼각주는 영토가 아니었다
나는 삼각주 지형 수시로 바꾸어놓는 폭우였고
너 범람하는 강물이었으니
오늘 신생의 삼각주가 저 하류에 세워진단들
다시 네 허리 껴안는 일이
잊혀진 지류의 미미한 몸짓일 것이다

교각 사이에 붉은 해 걸려 있다
강물은 더는 타오르지 않고 느린 유속을 앓는다

생멸의 험난한 길 밀고 가는 강물이다
죽은 듯 멈추어 삼림을 낳고
미친 듯 달려가 계곡을 깎는
너를 보내며 열차는 철교의 물그늘 벗어난다

침대칸 작은 테이블 위에
적막 놓인다 주인 없는 적막이다
몸으로 격렬하게 싸우고 나서
너 저처럼 적막을 입고 문을 나섰다
그때 울음 삼키던 강물 소리

다시 내 가슴에 아픈 삼각주 하나 서게 했다

* 루 살로메의 시.

백야

오로지 북국으로 향하던 생각은
네바강 언덕에 붉은 상처를 드러낸다
네 기억으로 떠난 여정이었다

강물 출렁이는 대로 잠겼다 솟아오르는 여름궁전의
사랑은 네바강보다 깊었다고 믿었다

밤이 밤을 거부하던 기억은 지금도 아프다
끝내 북국의 길은 흔들리고 있다

네 몸 가장 깊은 곳에 경배하던 날의 낡은 말은
네바 강물에서 새롭다
밤이 밤을 부른다

바실리섬을 잇는 다리는 정각에 들어올려질 것이다
예정된 별리, 그래도 그림자는 참혹했고 쓸쓸했다
섬은 보랏빛 어둠으로 아련하다

이 시간쯤 너는 고국의 무더운

어둠 속에 서 있을 것이다
이제 용서라는 말을 버렸을 것을 안다

다시는 어둠의 모서리에 서지 않을 거다

늪

침묵이다

침묵을 통과하는 침묵이다 깊이를 모르는 침묵, 시간을
버린 침묵이다 나는 죽음보다 깊은 침묵을 건넌다 가시연
잎들 피 흘리고 있는 밤이었다 누군가 침묵을 건너며 상
처 입은 흔적이 침묵의 살점이 되어 있다 바람 분다 흔들
리지 않는 침묵, 바람은 침묵을 지나 아침 해를 얻는다 비
로소 일렁이는 숨쉬기를 시작하는 침묵, 침묵은 숲을 낳
고 갈대를 기르고 구름을 가슴에 담는다

침묵은 소리 없는 울음이며 마지막 웃음이다
침묵은 죽어 다시 태어나는 자궁이다
침묵은 엿새를 피 흘리는 여자이다

일곱 밤낮을 달리며 건너던 어둠이다 끝없는 대지다 야
생화다 자작나무숲이다 바람이 나를 눕힌다 보드카는 보
이는 바람이다 바람이 생각을 파고든다 보드카의 수면 위
에서 나는 해체된다 해체된 몸이 어둠의 일부가 된다 차
창으로 별이 내린다 시베리아의 별은 눈 안으로 거대한
포도송이를 밀어 넣는다

시베리아의 늪은 광활한 대지를 낳고 대지 위에 자작나무숲을 낳는다

자작나무숲은 보드카를 낳고 보드카는 혁명을 낳고 혁명은 슬픔을 낳는다

대지

며칠째 대지가 차창으로 흐른다
감동 없는 대지의 부름이다

바람은 대지를 떠났다
어둠이 드넓은 대지의 거친 품을 기웃거린다
더러워진 대지에 깃들지 않을 어둠이다

하바롭스크를 떠난 후
수많은 대지를 맞고 보냈다
온 세상을 채우고도 남아 지평선에 머물고 있는 대지다
야생화 군락이 몇 킬로씩 나타나고
자작나무숲이 수십 킬로씩 이어지는
대지는 드넓은 절망이다
대지는 닿을 수 없는 욕망이다
대지는 온갖 소리들의 살아 숨쉬는 무덤이다
대지는 늘 젖어 기다리는 거대한 성기다

차창으로 어둠이 밀려든다
보드카 빈 병이 굴러떨어진다

그 자리에 낯선 사내가 쓰러져 있다
보드카 빈 병과 사내 사이에 어둠이 고인다
사내가 대지를 향해서 몸을 일으킨다

아주 가끔 낯선 역의 은빛 문자들이
차창을 기웃거리다 사라진다

순백의 영혼

광활한 대지를 무차별로 덮치고 있는 자작나무숲
이제 나는 세상을 덮치는 모든 것들을
자작나무숲이라고 부른다
산하를 은빛으로 덮치고 있는
달빛이 자작나무숲이고
나를 덮친 네가 자작나무숲이다
나는 너를 혁명의 전사라고 부르지 않았다
광활한 대지를 점령하고 그곳에
느리게 흐르는 강물을 뿌리던 너,
먼 지평선을 이룬 녹색의 침묵
팽팽한 긴장의 시간들 위에 나를 세우고
너는 순백의 영혼으로
내 안에 들었다
여름은 짧아 백야를 건너며 야생화들 꽃잎마다
뿌리의 달콤한 속삭임을 채울 때
너는 혁명군으로 진군의 노래 대지를 흔들었다
피 흐르는 역사를
대지 위에 기록하던 너,
영주들은 장원을 버리고 잠들었으며

광활한 대지는 수많은 꽃들을 버렸다
너는 그것을 혁명이라고 말하지 않았다
다만 순백의 영혼으로
내 안에 들었다
황폐한 대지 위에
혹은 버려진 시간 위에

밤 차창으로 보았던 붉은 꽃

밤 차창으로 보았던 붉은 꽃은
새벽 산책에서 보니 리비나 열매였다
성급하게 열매를 재촉했던 녀석이
남들보다 먼저 붉은 색깔을 얻었을 것이다
먼저 붉어진 열매가
서둘러 가고자 했던 곳은 어디인가
나 이제 붉게 물드는 시간 위에 있다
착시의 순간순간
세상을 비스듬히 보면서
하찮게 지나쳤던 들꽃들 다시 불러
시든 꽃잎 어루만져주면서 착시의 아름다움을
말해야 될 시간이다
새벽안개가 내 붉은 시간들을 타고 오른다
붉은 시간들이 가는 눈을 떠
검게 잠들었던 하늘 본다 어느새 붉어진 하늘,
세상은 잠간 사이 붉어지거나 검어진다
하현달이 자작나무 가지에 걸려 있다
자작나무는 아직 잠에서 깨어나지 않았으므로
검은 잠의 문양이 그대로인데

하늘을 향해 치솟은 자작나무 아름드리 흰 나무줄기가
새벽어둠을, 내 붉은 시간을 압도한다
자작나무는 내 흔들리는 영혼 위에 있다

나무다리 위에서의 생각

사원으로 가기 위해 오래된 나무다리를 건너다 물소리에 걸린다 물소리는 다리 아래서 울음이 솟구치듯 갑작스럽게 들린다 물소리를 내려다본다 수련을 가득 담은 보 안에 사원이 들어와 있다 회랑을 돌아가는 수녀들의 조용한 몸짓이 물속을 유영하고, 벼 나온 사제가 느린 걸음으로 수련 사이를 걷는다 사원의 돔이 수련에 가리기도 하고 수련이 첨탑에 찔리기도 하며 새벽 풍경을 이룬다 사람들은 물소리를 건너 사원에 이르러 그들의 소원을 빌었을 것이다 나무다리는 상징처럼 늙으며 사람들의 내세를, 혹은 비원을 보아왔을 것이다 나는 나무다리를 건너지 못한다 내게 비원이 없으므로 나무다리는 오래도록 상징으로 남을 것이다 되돌아 나오는 나무다리에서 흐느낌이 터진다 나는 걸음을 멈춘다 수녀와 사제가 멈추어 선다 수련의 검은 꽃잎들이 세미한 물결에 흔들리며 꽃술로 얼굴을 가린다 오늘 누군가 이 다리를 건너 영원의 문으로 드는가보다 느닷없는 죽음의 새벽 전언으로 흐느끼는 나무다리는 아닐까 검게 피어오르는 수련을 본다 저 죽음이 아주 가까이 있는 죽음은 아닐까 운구행렬이 밤의 침묵처럼 수련을 밟는다 검은 안개가 그 뒤를 따른다 사원으로

가는 새벽 안개와 물소리와 나무다리와 나무다리 위에서
보는 수련이 어째서 죽음의 노래여야 하는가를 생각 한다
나는 나무다리 난간을 잡고 잠시 어지럼을 견딘다 물소리
가 가파르게 내 중추를 뛰어넘는다 끝내 나무다리의 생각
을 알 수 없다

언약

바이칼 호반에 흰빛의 돌로 수놓은 언약을 만난다
끼릴 문자로
로마 문자로
혹은 스페인어로, 불란서어로, 일본어로, 한국어로
세계의 모든 문자들로
사랑은 불변하는 흰빛의 돌이었다

흰빛 돌, 더 희어지는 동안
젊은 날이 가고
밀어가 퇴색하고
눈빛이 붉어갔을 것이지만
바이칼의 강풍은 흰빛의 돌을 깎아
젊은 날의 언약을 신화로 새긴다

언약의 풍화를 기억하는 일은
사랑을 앓았던 젊은 날의 황홀한 찬가다

저 언약으로 떨던 손들 언젠가는 바이칼을 다시 찾을
것인가

바이칼에서는 모든 사랑이 눈물겹다

3부

코카서스의 겨울

종지기

그가 내 가슴을 밟는다
가슴에 매달아놓은 열아홉 개의 종들이
차례로 흔들리기 시작한다
그는 천천히 그러나 음색을 고르면서 내 가슴을 밟는다
작은 종 세 개가 위아래로 흔들리면서
높고 가파른 소리로 운다
울분과 원망이 이처럼 사무쳤던가
비명을 지르지 못하고 당했던 일들이,
그 원통함이 내 뼛속에 이처럼 처절하게 녹아 있었던가
그는 다시 발틀을 골라 내 가슴을 밟는다
좀 더 큰 종들 네 개가 그가 밟는 발틀의 줄에 매달려
흔들리기 시작한다
내 몸이 천천히 위아래로 흔들린다
종소리는 등줄기의 중추에서 터진다
얼룩진 음색은 온몸을 쑤신다
세상을 그처럼 조롱하고 살았으니 음색인들 맑겠는가
종소리가 내 몸의 오래된 사원의 뜰을 돌아나간다
그는 여운이 사라지는 지점을 찾아 발틀을 밟는다
다섯 개의 종이 흔들리기 시작한다

내 몸의 어디가 흔들리는지 알 수 없다

내 몸이 흔들리는 것이 아니라 사원이 흔들리는 것은 아닌지

중음의 종소리가 내 육체를 이루고 있는 뼈마디마다 불을 놓는다

몸이 아프다 뼈마디마다 불붙는다

종소리는 뼈들의 후회를 받아주지 않는다

몸 아프니 뼈가 모두 몇 개인지 알 것 같다

종소리가 깨우치는 어리석음, 몸에 지니고 있으면서도

알려고 하지 않았던 사랑이 내게 있었던 것이다

그의 이마에 땀이 흐른다

쉬지 않고 밟는 발틀

종소리는 그의 발끝에서 둥글게 태어난다

그가 마지막 발틀을 고른다

발틀은 쉬이 움직이지 않는다

굵은 줄에 매달린 커다란 종 여섯 개가 아주 천천히 움직인다

둔중한 종소리가 중추를 타고 내려 대지로 퍼진다

대지가 광활한 파장을 세워 운다

기원이라면 이처럼 무겁고 두려운 기원이었을 것이다
언약이라면 이처럼 깊고도 묵직한 언약이었을 것이다
내 몸 안의 오래된 사원이 느리게 무너져 내린다
그가 나를 모두 부수고 종탑을 내려온다
그의 이마에 피가 흐른다

아직도 울지 않은 또 하나의 커다란 종이 내 가슴에 있다

붉은 내가 붉은 나를

나무의 일상은 나무이다
달빛의 일상은 달빛이다
꽃잎의 일상은 꽃잎이다
시의 일상은 시이다
나의 일상은 나이다
나무의 혁명은 나무이다
달빛의 혁명은 달빛이다
꽃잎의 혁명은 꽃잎이다
시의 혁명은 시이다
나의 혁명은 나이다

일상과 혁명은 같은 사물의 다른 부름이다
부름이 색깔을 만들고 색깔이 시간을
시간이 계절을 만든다 계절은 늘 붉게 익어
부름 위에 있다
오늘은 내가 나를 부른다
붉은 내가 붉은 나를 부른다
밋밋한 혁명을 시작하려는 시도다

죄에 끌리다

　우스펜스키 사원의 천정에 그려진 안드레이 루블료프
의 오래된 성화를 올려다보다 나는 그 자리에 주저앉았습
니다 살아서 저 그림을 볼 수 있다니, 나는 숨죽이며 성화
를 다시 더듬습니다 사도들 뒤로 수호천사들이 도열해 있
는 성화는 한 인간의 고뇌가 낡은 시간 위에 푸르게 살아
있습니다 사원 밖에는 팔월의 태양이 빛나고 있었습니다

　내 마음의 팔월은 투명하여
　수백 리 밖 푸른 지평선을 당겨놓습니다

　투명한 햇살 속에 낡은 사원은
　오래된 시간을 당겨놓습니다

　오래되어 더는 흐르지 않는 욕망은
　황금빛 십자가를 당겨놓습니다

　늙은 사제가 턱수염을 쓰다듬으며
　젊은 여자의 그림자를 당겨놓습니다

촛대 위에 타고 있는 신자들의 기원을
이방인들이 당겨놓습니다

수호천사들은 마침내 웃을 때마다 죄를
쌓았던 나를 당겨놓습니다

당겨놓는다는 것은 정죄인지요
당겨놓는다는 것은 용서인지요

코카서스의 겨울

빙벽으로 선 자작나무 겨울 숲
순백의 세상, 순결하여 죽을 수밖에 없는
코카서스의 레지스탕스들
자작나무숲을 향해 음어를 난사하며
순백의 대지를 붉게 물들이며
코카서스를 껴안고 죽어가던 젊은이여
그대들의 순결한 뼈가
저처럼 자작나무 겨울 숲으로 서
나를 미몽에 들게 한다
코카서스는 고독했으나 나는 고독하지 않았다
사유하는 코카서스에서 나는 사유하지 못했다
시가전과 비명과 절명의 섬광들을 보았을 뿐
코카서스의 피 흐르는 사원들
코카서스의 얼음이 된 눈물들
코카서스의 붉은 침묵들을
빙벽으로 선 자작나무숲에 새기는
힘줄 불거진 불굴의 팔뚝들
결의에 찬 여인들의 슬픈 미소들
보며 나는 낭만적 민족주의를

부수었다 더 슬픈 나라의

네바강

네바강은 내게 범람하라고 말한다
채우고 넘치라고 넘쳐 둑이 터져보라고
밋밋하고 덤덤한 삶이 지겹지 않느냐고
내가 탄 버스가 네바강을 건널 때
오, 마침내 가슴 속 궁창이 터지며 범람이 왔다
내 안의 사원들이 무너지고
자작나무숲이 쓸려나가고
광활한 벌판이 홍수로 붉게 넘실거리고
생각도 기원도 사람도 내게 늦지 않는
범람이 악몽처럼 혹은 축복처럼 왔다
곧추선 척추의 몇째 마디까지 물이 차오르는 걸까
척추 한 마디가 잠길 때마다
더 미친 듯이 범람하는 강이다
이만큼 넘쳐보았느냐고
이만큼 견디어보았느냐고
네바강은 묻는다 그 물음은 백 년에 한 번씩 있어
나는 또 백 년을 기다려 대답한다
넘쳐보지 못했노라고
넘쳐보지 못했으므로 견디어보지도 못했노라고

강물 위에 강물이 얹혀 보름 달빛처럼 넘쳐흐르는
내 안의 범람, 이 범람을 어디까지 견딜 수 있을지
다시 백 년이 흐르고 있다

앨버트로스의 날개

자작나무 흰 수벽이 백야가 시작되자
검은색으로 서서히 바뀐다
흰색과 검은색 사이의 무수한 무채색
켜켜한 슬픔이나 배반이 있었던 것일까
채도가 다른 무채색 사이사이에 스미어 과거와 미래가
된 시간들
나는 그 시간의 켜로 숨어든다
밝음과 어둠의 시간들,
내 무채색의 과거와 미래의 눈물겨운 몸들,
보인다 보이지 않는다
내가 흰색의 갈피에 머물 때 그것은 가능성으로 차 있
는 침묵이던가
흰색의 시간들은 가을 강처럼 조용히 흘렀으며
흰색의 말들은 봉숭아 씨처럼 조용히 여물어갔다
어디에나 날개를 달 수 있었던 시절이었다
비상할 줄 모르는 날개는 날개가 아니어서 앨버트로스의
깃털들이 떨어져 나가고 과거와 미래가
동심원의 중심이거나 평행하는 두 직선이었던 것이다
흰색에서 회색으로, 회색에서 검은색으로 가는 도정

그 미지를 향한 침묵의 두려운 날개들
시간은 날 수 없는 앨버트로스의 퇴화된 날개였다
세상의 모든 날개들이
검게 빛나는 시간을 밟고 가는 길은 어디에 닿는가

블라디보스토크항의 저녁 한때

죽은 잠수함 옆, 강철 뼈들 고요해지는 시간
영원히 꺼지지 않는 추모의 불길
한순간 꺼졌다 다시 타오른다
젊은 피들이 감당했을
어뢰의 수중 목표물은 언제까지 아름다워야 하는지
누구도 의문하지 않는다
하늘에 걸릴 욕망의 다리는
허약한 교각을 세우는데

한순간에 무너질 것들을 위해
생을 던진 제독이, 제독의 조국이, 조국의 광기가
있었다 치자 그것이 교각이 되지는 못한다
아무르만에서 북태평양을 향해
발진 채비를 마친 극동해군사령부 함대는
저녁 한때 블라디보스토크항의
강렬한 은유였다

비둘기들, 추모의 불꽃 위를 날아오른다

바람의 기억

우슈토베에서 부슈토베까지
바람은 울었다 대지는 바람이 무거웠다
바람은 시베리아를 건너며
어린 바람이 멈췄다
늙은 바람도 멈췄다
바람에서 바람까지는 멀고 거칠었다
바람은 낯선 황무지를 쓸어안고 싶었다

갈대는 울었다 갈대는 달빛이 무거웠다
달빛은 토굴 속에 바람과 누웠다
토굴은 막 판 것이어서 땅 냄새가 났다
힘겹게 따라왔던 늙은 바람이 멈췄다
이제 바람들은 울음조차 힘겨웠다
늙은 바람의 시신을 토굴 옆 양지바른 땅에 묻었다
며칠 동안 바람 우는 소리 들렸다

갈대 잎 위에 달빛 얼어 빛났다

그들은 끝내 황무한 대지를 떠도는 바람이었다

검은 흙 한 줌

우슈토베역은 섭씨 40도를 넘었다
사내들은 서성이며 느리고 무거운 시선을 광장에 던져
승객을 찾고 있었다
사내들에게 부슈토베를 물었지만
어깨를 들썩일 뿐이었다

낡고 오래된 우슈토베 역사는 조용하고 무거웠다

검은 얼굴들이 개찰구로 쏟아져 나온다
호루라기 소리가 날카롭다
지친 보따리를 이고 진 남루한 사람들
호루라기 소리에 이리저리 몰린다
좁은 역 광장은 순식간에 검은 얼굴들로 차버린다
아이들은 울고 노인들은 흙바닥에 눕는다
연인들은 털썩 주저앉아
차가운 우슈토베의 하늘을 본다
까마귀 떼가 날아오른다

지나간 시간 위에 낯선 시간 주춤주춤 흐른다

오후 두 시가 다 되도록 역무원은 나타나지 않는다
강제이주 1호 열차는
우슈토베가 예정된 정차 역이였을까
노보시비리스크에서 서쪽으로 더 달렸다면
검은 얼굴의 사람들은 이곳이 아니라
크즐오르다쯤 부려지지 않았을까

백일홍 피어 있는 플랫폼은 침묵으로 차 있다
뜨겁게 달아오른 레일의 단내가 훅 끼친다
레일은 알마티를 지나 타슈켄트까지 거침없을 것이다

백일홍 붉은 꽃빛이 회색으로 변할 때까지
플랫폼을 떠나지 못한다
망설이다 검은 흙 한 줌 배낭에 담는다
흙 속에 묻혀 있던 울음소리 터진다

다시 쏟아져 나오는 검은 얼굴들, 뼈들의 경계가 사라
졌다

천산산맥을 넘었다

실크로드에서 생을 마칠 수 있을까

타클라마칸은 밤새 새로운 사구를 세워 바람의 방향을
틀었다
내 낡은 신발은 바람에 끌려다닌다
신발이 사막에서 사라지고 흰 뼈의 그림자가 남는다

실크로드에서 생을 마칠 수 있을까

물음 다음에 절망이 오고 신기루는 피의 색깔을 원유
빛으로 물들였다
사막의 욕망은 마른 소금강 줄기를 남긴다
내 검은 피는 마른 소금강 줄기를 따라 범람한다
천산산맥은 장엄한 침묵으로 타클라마칸을 거느린다

고뇌의 흔적이 사라진 사막은 내 황무한 생의 문양을
켜켜이 저장하고 있었다
바람의 방향이 바뀔 때마다 문양은 쓸려갔다
젊은 날의 문양이 쓸려가고 나서

사막은 밤새 사구를 다시 쌓았다
더는 저 사구를 넘을 수 없겠다

흰 뼈가 눈부시다

실크로드에서 생을 마칠 수 있을까

4부

리까제리나

박 헬렌

우슈토베의 8월은 토마토가 익고 있었다 박 헬렌 선교
사가 카자어로 부르는 새벽 찬송 소리에 토마토가 터진
다 침대는 작고 불편해서 찬송 소리 더 맑았다 나는 박 헬
렌 선교사 몰래 터진 토마토를 땄다 토마토는 달았다 우
슈토베의 새벽은 풀풀한 흙먼지로 밝는다 비포장도로를
걸어 앞섶에 흘러내린 토마토 붉은 흔적을 지운다

모스크바에서 목사였던 남편이 극우집단의 폭행을 당
했죠 죽었어요 그곳 선교를 끝내면 카자흐스탄으로 넘어
올 계획이었는데… 이 길은 내 길이 아니라 남편의 길이
죠 대신 걷는 거구요 고려인들이 이 교회를 다닙니다 아,
저 건축 중인 선교센터요 거의 다 지었는데 마지막이 힘
듭니다 하나님이 도와주시죠 필요할 만큼의 돈을 보내주
세요 나 칠순을 바라봅니다 힘들 때면 하나님께 떼쓰죠
빨리 데려가달라고요 아직은 하나님이 바쁘신가봐요 식
탁에 놓인 이곳이 예배당이고 교회죠 참, 잠은 제 침대에
서 주무셔야 합니다 우슈토베의 첫 밤이군요

내가 박 헬렌 선교사 몰래 훔친 것은 혹 그녀의 일생이
었을까 새벽 찬송은 아니었을까 하나님의 말씀이었을지
도 모른다 지금도 우슈토베의 선교센터 마당에 박 헬렌

선교사의 토마토가 터지고 있겠다

광장시장

묵 있소! 청포묵 있소! 옥수수 있소!
낯설고도 친근한 고려 여인들
환한 목소리 우슈토베 여름 하늘 난다
여인들 목소리는 수백 마리 고추잠자리 날개다
중앙아시아 여름날을 날아오르는
서럽도록 아름다운 날개

피 때문이라고
척 보면 끌리고 당기는 걸 어찌 막겠느냐고
머릿수건 한 번 펄럭였는데
내 손이 그녀들 가슴에 들어 있다
희고 탐스런 젖무덤 사이에서
고추잠자리 투명한 날개를 본다
고려 여인들 정한의 눈빛 날개
죽어도 까작이나 슬라브 남정네 덮을 수 없었던 날개를
온몸으로 맞는다

불끈 솟는 내 말은 날개가 아니었다

다만 그리움이었다

달빛 그림자 낯선 황무한 중앙아시아 거친 땅에서
청포묵 옥수수 파는 그대들
고려 여인들

낮달

부슈토베의 팔월은 폭염이다
공동묘지는 멀리서도 희게 빛났다
유택을 떠나지 못한 어린 손들 때문이었을 것이다

묘지 입구 무성한 갈대숲,
어린 시신은 묻히면서도 울음 그치지 않았다
묻고 돌아서며 가슴 베이던 갈대 잎이다
우거진 갈대 잎잎마다 이슬 다녀간 흔적이다
수로에 물 흐른 기억 없다
새벽마다 마른 수로 따라 흘러오던 죽은 아이들 웃음소
리다
이제는 말랐거니 하면 또 솟아나는 눈물이다
시베리아를 건너온 아이들 웃음
부슈토베 토굴에서 무너졌다
토굴이 무덤이었던 것을
애비가 몰랐다 토굴에서 몇 발자국 옮겨 누운
애장 터를 본다 갈대숲 그림자 밟힌다
저 무성한 갈대숲이 사라지지 않는다면

아이들 천진스런 눈빛
갈대숲에 묻겠다
묻고 떠나겠다 하던 날들이다

중앙아시아의 처연한 낮달이다

리까쩨리나

꿈결소 꿈을 꾸고 있는 것이오 이제는 이 카자흐 땅이 남의 땅 같지를 않소 내 죽어 묻힐 땅 아니겠소 눈 감으면 뽀시에트항*의 나지막한 불빛들 보이고 열여섯 설레던 봄꽃 무덤 보이고 낡은 통나무집 보이고 여름날 뭉게구름이라니, 이옥자라는 한국 이름 낯설어 나는 리까쩨리나지요 아버지는 아무르 바다 위에서 만선의 꿈으로 세월을 낚았어

정든 뽀시에트를 왜 떠나야 하는지 모르고 떠났소 쫓기듯 짐을 싸 항구로 나갔소 항구에는 커다란 군함이 정박해 있었소 군악대는 '이별의 노래'를 연주해주었어 나는 눈물 핑 돌았소 블라디보스토크항에서 블라디보스토크 역으로 이동했고 우리들은 군인들 호각 소리를 따라 기차에 올랐소 기차는 떠나지 않고 있었어 블라디보스토크에 참이 오고 화물차에 실린 우리들은 두려움에 떨었소

별들 차창으로 내려올 때쯤 기차가 움직이기 시작했소 그 이후는 짐승 같은 생활이었소 그 한 달은 내 생애에서 가장 치욕스러운 기억이오 더 묻지 않는 게 좋겠소 나 다 잊었소 아니 잊고 싶었소 더 묻지 않는 게 살아남은 사람에 대한 예의 같소 우리 가족은 캅차카이 호수 옆의 작은 역에 버려졌소 호수에서 어업으로 살아가라는 뜻이었을

것이오

아버지는 원동의 황토 흙을 카자흐까지 갖고 왔소 그 흙을 달여 먹였소 감기에도 횟배에도 암튼 모든 병을 그 흙물로 치료해주셨소 지난해 연해주로 떠난 아들에게도 이 우슈토베 검은 흙을 싸 보냈소 손자새끼들 병나면 달여 먹이라고, 손자새끼들이 예서 낳아 자랐으니 예 흙이 약이오

조국에 대한 원망이라니, 고려인의 피를 이어받은 것만 도 고마운 일이오 리까쩨리나는 영원한 고려인이오 진정 알고 싶어 하는 걸 말해주지 못해 미안하오 무덤까지 가지고 가야 헐 이야그들이오 밤이 깊소

* 연해주의 아무르만에 있는 항구로 한국과 가까운 곳이다.

루바

루바의 집 낡은 오 층 아파트 오 층은
그녀의 무기형 감옥이다
끔찍한 식욕은 남편을 목 졸라 살해한 순간부터의 일이다
수감 생활 내내 식욕을 멈출 수 없어 고통이었다
남편의 시신 옆에서
커다란 식빵을 정신없이 뜯고 있던 루바였다
폐광의 광부였던 남편은 알콜 중독이었고
밤마다 그녀의 얼굴에 시퍼런 멍을 키웠다

그녀는 지팡이에 의지해 큰 몸을 이동시켰다
뜨개바늘이 눈부시게 흰 손의 정맥을 겨누고 있다
수감 생활 7년은 그녀의 흰 손 뒤쪽으로
소리 없이 흐른 듯했다

천산산맥 끝자락 데껠레의 여름
계곡에 사과향이 가득했다
젊은 김 블라디미르 목사는 유슈토베를 떠나는
내게 루바와 데껠레를 보여주었다
다시 볼 수 없는 먹먹한 풍경이었다

그녀는 희미하게 웃었다
서늘한 바람이 가슴을 치고 나갔다
젊은 목사는 그녀의 우람한 어깨를 잡고 기도했다
그녀는 눈을 감고 있었다
젊은 목사의 하나님이
그녀를 구원하기까지는 아주 긴 시간이
데겔레의 계곡을 채워야 할 것 같았다

계곡에는 다시 사과가 붉게 익고
가출한 그녀의 자식들은 거친 잠을 자고
폐광의 광부들이 낮술에 취해 울부짖을 것이다

김 예브게니야 여사

소녀는 열네 살에 세상을 알았다
초경의 두려움이 가시지 않은 9월이었다
밤이 슬픔이었고 치욕이었다
위 침대 남자는 밤이면 내려와
소녀를 깨웠다
두려웠다
허기를 견디기는 더 두려웠다

블라디보스토크를 떠난 열차는 보름이 넘어서야
이르쿠츠크에 닿았다
새벽어둠 속에서 엄마의 통곡이 들렸다
사내 동생이 죽었다
몸이 불덩이였던 아이는 차게 식어 있었다
소녀는 엄마의 울음을 손으로 막았다
엄마는 실신했다
소녀는 사내 동생을 껴안고 하루를 버텼다
밤이 되자 열차가 움직이기 시작했다
위 침대 남자에게 아이를 넘겼다
남자는 아이를 바이칼로 던졌다

엄마는 숨 멎을 듯 오열했다
소녀는 울지 않았다

소녀는 어둠 속에서 사내를 쏘아보았다

소녀는 1937년 9월 16일 블라디보스토크에서
강제이주 열차에 올랐고 10월 19일
비낀역에 내렸다 그리고 74년이 흘렀다

정착지

부슈토베 나지막한 언덕
흰 돌에 한글로, 검은 돌에 끼릴 문자로 새겼다
'이곳은 원동에서 강제이주된 고려인들이 1937년 10월
9일부터
1938년 4월 10일까지 토굴을 짓고 살았던 초기 정착지
이다'

아픈 문장, 돌 속 뛰쳐나와 가슴에 박힌다

중앙아시아 황무한 땅에 오늘처럼 폭염 내리쬐고
짧은 가을 지나 영하 30도의 겨울 오고, 강철 바람에
검은 흙먼지 쓸려가는 혹한의 계절
일흔 번 맞고 보냈다 한들
여기 토굴 속 182일, 짐승처럼 울부짖던 사투
차마 몸 떨려
표지석 문장 다시 읽지 못한다

토굴에서 들리는 신음 소리 까마귀 떼 듣고 있다
한 사내가 꺼이꺼이 울며 토굴 나선다

아낙이 안고 나온 아이 파랗게 얼었다

토굴마다 아낙들 허리 굽혀 나온다
목이 긴 아낙들 얼굴이 없다
아낙들 서로의 손을 잡는다
잡는 손, 잡히는 손
검은 손가락뼈마디 부서져 내린다
까마귀 떼 아낙들 얼굴 물고 날아오른다

우슈토베가, 끄질오르다가 이곳이다
중앙아시아가, 연해주가 이곳이다

이곳은 영원한 정착지다

아무르강

강이 풀린다
갇혀 있던 소리들이 조용조용 일어선다

혹한 건넜다

길은 침엽수림 지나
툰드라가 시작되는 지점에서
혼절하겠다

부르지 않아도
설원 건너오던 사랑이었다

강물에 수만 겹 무지개 입히는 착란의 햇살
그 아름다운 불륜 여기서 끝나는 것은 아니다

아무르강 건너지르는
마음 이미 다리였으니
죽음처럼 조용히 건너는 일이다

수만 겹 얼음조각 채워 흐르는
북국 하늘 붉다
강물은 붉은 하늘 안고 멀리 휘어진다

유역은 낡은 시간의 상흔이었으니
언약은 강어귀에서 늘 불안했다

침식으로 사랑의 지형이 저렇게 바뀌는 것이다

우랄산맥은 배반이다

시베리아 횡단열차 우랄산맥 넘는다
동양에서 서양으로
배반은 빠르게 온다
우랄산맥은 배반이다
우랄산맥을 넘는 건 배반을
허탈한 눈으로 보는 일이다

배반의 자리에

네가 있다

마음이 우랄산맥이었다고
마음이 시베리아였다고

너 울 수 있었을까

네 황량하고 밋밋한 경사를 넘으며
겨울 신전을 보았다 얼음 기둥
그 투명한 고뇌들

산맥을 대지에 묻으며
일어서야 할 것들 일어설 수 없는 우랄
너무 일찍 알아버린

너,
아름다운 배반이다

시베리아 횡단열차를 타다

혁명은 완성되는 것이 아니다

평행하는 욕망은 혁명을 거듭했다
그 혁명 위에 침목과 레일이 있었다
나는 혁명을 달리고 있다

밤 2시에 멎은 시계를 보며 제국은 사라져도
평행하는 욕망이 이루는 혁명은 멈추지 않는다는 걸 깨
닫는다
질주하는 집단광기의 열차가 멈추는 지점,
그 붉은 어둠을 생각한다

계절은 멈추어도 혁명의 관성은 멈추지 못하는 툰드라
의 자작나무숲
순결한 영혼을 부른다
달려갈 수 없는 나는 진부하거나 비겁했다
짧은 겨울 햇살은 레일 위에서 생을 마감한다

시베리아 유형의 마지막이다

일찍 어두워지는 대지를 굉음이 흔든다
몸이 대지여서 흔들리는 뼈가 더 시리다
혹한의 밤, 욕망은 수축을 거듭하고 레일과 레일 사이
틈이 벌어진다
그 틈으로 인간 보인다
혁명하는 인간은 틈을 힘으로 쓴다

정복은 완성되는 것이 아니다
다만 블라디보스토크를 낳았을 뿐
블라디보스토크는 아무르만을 낳았고
아무르만은 안개를 낳았다
안개는 지독했다
안개는 모든 혁명을 지웠다

안개는 평행하는 욕망 위에 소리를 올렸다
소리는 대지 위의 모든 것을 품고 있다

아바이*에서

최 예르고는 낡은 건물 벽에 이마를 기댔다
아이들 웃음소리가 들렸다
카작어를 할 줄 몰라 쫓겨난 학교는
까라까치나무 그늘 속에서
수박을 파는 동안 조금씩 낡아갔다
건너다보면 야트막한 구릉으로
햇살이 쏟아지고 있다
언제부턴가 토굴의 흔적은 보이지 않는다
시베리아를 질주하며 살아남은 아이들은
토굴 속에서도 해맑게 웃었다
아이들 웃음이 희망이었다
강제이주 이듬해 아바이들은 벽돌을 찍어 학교를 세웠다
우슈토베역에서 이곳 아바이까지
하늘길이었던 아이들의 뼈를
어디에 묻었던가
하늘길이었던 늙은 애비의 뼈를
어디에 묻었던가
최 예리고는 제르젠스키 한인학교 오래된
담장을 물끄러미 바라본다

풍금 소리가 들린다

마지막 밤

부슈토베 공동묘지는 하얗게 타오른다
김 나탈리아 한글 묘지석은 뜨겁게 달아 있다

박 블라디미르는 무덤의 검은 흙을 퍼 담는다
아내에게 검은 흙은 연민의 황무한 눈물이었다

아내는 라즈돌로예강 붉은 노을이 보인다고
손을 내저으며 눈을 감았다

라즈돌로예강은 닿을 수 없는 물길이었다

박 블라디미르는 우슈토베의 마지막 밤을
아내 무덤의 검은 흙과 같이 지샜다

부슈토베의 검은 흙을 강물에 뿌리며
목 놓아 울고 싶은 박 블라디미르다

늙은 박 블라디미르는 태어난 땅 우수리스크에
뼈를 묻고 싶다

아내를 처음 만난 라즈돌로예 강변
버드나무 그림자가 새벽 창을 흔든다

오래된 강물에 검은 흙을 뿌리고
또 무엇을 뿌려
강물 소리 건널는지
박 블라드미르는 검은 흙에 조용히 입 맞춘다

저기, 달빛이

어둠은 어둠을 길렀다
가난이 어둠이었고 유민의 길이 어둠이었다
유민의 길 위에 달빛이 하얗게 죽어가는 밤이었다

달빛을 넘으면 산맥을 버려도 좋았다
뼈를 묻을 생각은 없었다

달빛은 어둠을 달래어 어둠 스스로
부끄러움을 알게 했다
가난은 그러고도 한참을 어둠이었다

야반의 길을 버리고도
버리지 못하는 도타움이었다
정담은 눈물겹도록 토담에서 출렁이었다
달빛이 정담을 지우고
가난을 지울 수 있었다면
유민의 가슴에 깊은 샘을 파고
무릎에 다시 산맥 하나 세울 수 있었을 것이다

아라사 땅은 유민의 길 어디쯤이다
유민의 길이 유민의 길을 부른다
어디서 무엇으로 유민의 길을 만나
또다시 서러울지 모른다
눈 위의 달빛이 차다

5부

묘지의 적막

이륙

나는 탈출하고 싶다
비상은 탈출 후의 오르가즘이다
심장의 박동 수가 급속히 오른다
혈관이 부푼다 혈액은 가속의 어지러움을 견디며
말초까지 순간에 내닫는다
온몸이 경련에 든다
심호흡으로 격정의 시간을 견디어본다
심장의 박동 소리가 귓바퀴를 찢는다
주변의 공기가 빠르게 흡입구로 빨려든다
내연기관은 엄청난 열을 내뿜기 시작한다
굉음이 경직되어가는 몸을 울린다
발광이거나 죽음이거나
무서운 시간이 초단위로 분할된다
랜딩기어가 탱탱하게 발기된다
랜딩기어가 물고 있는 복부를 차고 오를 수 있을지
물고 있는 가슴을, 물고 있는 달콤한 유도등을
차고 오르기 위해 제트기관은 얼마나 뜨거운
폭발을 감당하는지, 마침내

나는 멀어지는 대지의 배꼽을 본다

묘지의 적막

부슈토베 고려인 유택들 낡았다
멀리서 희게 뵈던 묘지는
흐려진 묘비명이 서성이고 있었기 때문이다
중앙아시아의 팔월은 숨막히는 열기로
수로 속 갈대 잎들 늘어진다
혼령들 유택 나와
묘비명에 기대 한나절 보내고 싶겠다
우슈토베역에서 몇 마장쯤
그 가깝고도 먼 길 숨죽여 울었을
저주의 땅 고려인 공동묘지에는
빛바랜 플라스틱 조화 묘비명 껴안고 있다
목숨은 환희였다
어제는 새끼를
오늘은 애비를 묻는 묘역의 적막
살아남은 자는
수로를 흐르는 물소리 듣겠지만
붉어지기 시작하는 서쪽 하늘 날아가는
까마귀 떼 보았다 말하지 않을 것을 안다

폐철선

아랄해를 보았다 말하지 않겠다
아랄해는 사라지고 모래 언덕에 닻을 내리고
붉게 산화하고 있는 폐철선을 보았다고 말하겠다
아랄해가 언제 이곳을 떠나
하늘로 올랐는지 아는 사람은 없다
아랄해는 무수한 소금 기둥을 밟고 하늘로 올랐다
소금 기둥은 아랄해가 하늘 오른 후에
모래바람에 몸을 숨겨 달빛을 맞았다
소금 기둥을 볼 수 있는 사람은 오래전에
아랄해에 영혼을 바친 사람뿐
소금 기둥은 모래바람으로 은폐의 삶을 이어간다
밤이면 폐철선은 달빛 바다를 건너
우랄산맥에 닿는다
폐철선에 가득 실려 있는 모래바람이
우랄산맥을 넘는다
모래바람은 아랄해의 사라진 몸이다

이르쿠츠크의 반역들

혁명은 실패했다

반역이었다
젊은 장교들은 12월의 당원들, 데카브리스트였다
시베리아의 유형지 이르쿠츠크, 분노하는 청청한 침엽
수림들로
앙가라강 얼지 못했다
앙가라강은 바이칼의 눈물이었다
반역의 부인들, 유형지로 떠났다
1년을 걸어 이르쿠츠크에 도착했다
젊은 분노에 채워진 22킬로그램짜리 쇠고랑은 아내 앞
이서 무게를 잃었다
세르게이 발꼰스키는 복숭아뼈를 쇠고랑에게 주었다
쇠고랑은 복숭아뼈를 먹었다
발꼰스키는 선혈 낭자하게 흔들리며 바이칼로 향했다
바이칼로 가는 길이 저처럼 어지러웠다

혁명은 실패했고 사랑은 완성되었다

앙가라강은 붉은 해를 안고 있다
얼마나 오랫동안 지는 해를 잡아둘 수 있을지 모른다
지는 해를 잡아두기 위해 앙가라강은 필사적이다
앙가라강이 붉게 물드는 건 반역이었을 것이지만
더는 혁명일 수 없는 붉은 강물 오래도록 본다

8월의 앙가라강은 빠른 유속을 숨겨 유유히 흐른다

침엽수림, 앙가라강에 허리를 밀어 넣고 있다

사랑은 조용한 반역을 새긴다

율라츠크 통나무집

이르쿠츠크 외곽 율라츠크는 전나무숲이다
바람이 전나무 사이로 백야의 어둠을 건너온다

늦게 도착한 율라츠크는 앙가라 강바람으로 설렌다
여인은 등불 밝혀 조용히 통나무 숙소로 내 마지막 여
정을 이끈다
여인의 구두에 묻어 있던 흙이 통나무 숙소에 남는다
나는 여인이 남기고 간 흙을 손바닥 위에 올려놓는다
흙속에서 해가 기울고 앙가라강이 저문다

장원이었던 율라츠크는 여인들의 발소리로 해바라기가
자랐다
해바라기는 상트페테르부르크를 향해 꽃을 피웠다
여름날은 길어 햇빛을 한 아름씩 검은 씨앗에 담았다

마리아 발꼰스까야*는 해바라기를 황량한 가슴에 경작
했다
앙가라 강바람은 그녀의 가슴을 빠르게 빠져나갔다
해바라기는 여물지 않았다

그녀의 여름은 짧았고 낡은 구두는 햇빛을 거두어 밑창
에 숨겼다
구두에는 늘 흙이 묻어 있었다

등불을 밝혀 여인이 다시 나타났다
맨발이었다
나는 여인을 방안으로 들였다
여인에게서 커피향이 건너왔다

* 반란을 일으켰던 데카브리스트(12월의 당원) 세르게이 발꼰스키의 아내.

8월의 이르쿠츠크역

나는 이르쿠츠크역 대합실에 서 있다
불안했다 패스포트를 더듬어본다
몸이 큰 여자 역무원은 웃었다
여자에게서 나타샤를 찾을 수 없었지만
눈이 깊고 아련하다
티켓은 노보시비리스크까지로 되어 있다

내가 기다리는 시베리아 횡단열차는
이르쿠츠크를 정차 없이 통과할지도 모른다
노보시비리스크에서 우슈토베까지는
티켓에 보이지 않는다 티켓 너머로
브리야트 사람들을 유린하고 있는 코사크 기병대가 보
인다

무엇이 유린인가 시베리아가? 횡단열차의 질주가? 막
각한 백야가? 끼릴 문자가? 데카브리스트의 반역이?
1917년의 2월이 혹은 11월이?

마침내 1937년의 유린이 있었다

나는 유린의 길을 찾아가는 중이다

몸이 큰 여자가 나를 손으로 부른다
지하로 내려가는 개찰구를 가리키는 눈빛이 파랗다
나는 여자를 물끄러미 보고 있다
여자가 웃는다

모스크바행 시베리아 횡단열차는 한참을 정차하다 떠
났다
몸이 큰 여자도 머리를 흔들며 역무실로 돌아갔다
나는 그 자리에 서 있다
8월의 이르쿠츠크역은
유형지로 가는 사람들을 기다린다

나는 오늘부터 유형이다
나는 오늘부터 유린이다

타이가역

노보시비리스크까지는 230킬로미터
그곳이 종점이 아니다
그곳은 종점으로 가는 중간 기착지다
아니다 종점의 시작이다
종점의 시작이면 종점보다 더 아프다
종점을 생각하면 늘 아팠던 유민이었으니

함경도 경성이 종점이 아니었듯
지신허도 종점이 아니었다
뽀시에트가 종점이 아이었듯
수청도 종점이 아니었다
블라디보스토크가 종점이 아니었듯
하바롭스크도 종점은 아니었다

종점이 없으니
해 지는 땅이 종점이었다
잠드는 곳이 종점이었던 젊은 날이
시베리아 횡단열차를 기억나게 했다

이 길의 끝에 만날 수 있는 곳이 종점은 아니다
안타까움의 끝도 아니다
슬픔의 끝은 더욱 아니다
유민의 또 다른 시작이다

짐승처럼 살아남아 다시 유민의 길에 오르는 사람들
검은 미소다
이 길의 끝은

자욱한 삼림으로 하늘이 반으로 접혔다

아무르강 교각에 문신 있다

아무르강은 하구에 이르러 몇 갈래의
거대한 지류를 만든다
하바롭스크는 지류 위에
위태롭게 놓여 있다
저 위태로움이 시베리아 유형을 불렀을 것이다
위태로운 도시가 강 그림자 속으로 드는 사이
계절이 바뀌고 뭉게구름이 베료자숲을 지운다
아무르강은 지류와 지류 사이
계절풍 위태롭게 눕는 늪지를 품으며
늪지에 야생화 군락을 펼친다
야생화는 계절 앞에 위태로운 매혹이어서
서둘러 씨방을 닫는다

　마음 위태로운 지류로 갈라져 서로 멀리 흐를 때 있었
다 마음의 지류와 지류 사이에 황무지가 서고 황무지를
달려나가는 살의가 있었다 살의는 식탁에서, 침실에서, 더
러는 운전 중에 불쑥불쑥 나타나 전율하게 했다 위태로운
관계는 용서와 체념으로 참혹한 종말을 피해갔다 그게 선
택된 생이라고 아무르강에 새긴다 강물에 새겨지는 사내

는 어깨가 없다 어깨로 밀고 온 생이어서, 다음엔 무릎이
없겠다 무릎으로 기어온 생이었으니, 위태로워 황홀한 시
베리아 횡단열차

하바롭스크 아무르강 교각을 넘는다
교각은 보랏빛으로 불타고 있다
교각에 시베리아 횡단열차의 문신이 있다

레나강

시베리아 횡단열차는 질주한다
대지의 부름은 열차 바퀴를 구름으로 만들었다
구름 바퀴는 가속도 속에서 미친 듯 웃는다
질주는 주체할 수 없는 웃음이다
대지는 질주하는 웃음을 위해 백야를 낳았을 것이다
백야를 뚫고 질주하는 시베리아 횡단열차
질펀한 웃음이 야생화 군락을 깨운다
야생화 군락은 몇 킬로미터씩 이어져
나를 혼몽에 들게 한다
내 혼몽은 오래되었다
베료자숲을 보면 베료자숲으로
예니세이강을 보면 예니세이강으로
나타샤를 보면 나타샤로
혼몽했으니

구름 바퀴에 정신을 올려놓은 지 며칠 째이다

쿠페의 사내들은 차창에 스치는 여자들을 발가벗긴다
그것 또한 혼몽이어서 질주하는 웃음이다

꽃잎 두 장의 밀교, 그 황홀한 경전은

　　이방의 사내들끼리 부둥켜안고 부르르 떨게 한다

　　보드카에 취한 몽골 사내의 두꺼운 손이

　　사타구니를 집요하게 판다

　　내게 없는 몽골반점을 내놓으라는 사내를 술병으로 내려친다

　　사내는 혼몽에서 혼미로 질주하는지 누런 이를 드러내며 배시시 웃는다

　　저 사내가 깨어나기 전에 레나강을 건너야 한다

타이셰트역

원목 더미 속에 눕는다
내가 침엽수림이고
구릉이고 늪지대다
전기 톱날이 햇살을 자르고 지나가면
나의 나이테가 동심원으로 번지며
혹한의 폭풍을 부른다
나는 폭풍 견디고 세운 목질의 제국이었다
식물성의 생애를 알았던 젊은 나는
나이테 속에 옹이로 역사를 이루었다
순장은 없었다
침엽들은 형체를 버린 지 오래고 열매는
동토에 묻혀 영생을 꿈꾸는 중이다
나는 나무의 계단을 건너
나무의 무덤에 이르렀다
나무의 무덤에는 나이테를 햇빛 아래 드러내놓은
치욕스런 나무의 주검들이 질서정연하다
나무의 무덤, 그곳이
여기 타이셰트역이다
혹한의 폭풍을

발기된 몸의 딱딱해진 옹이로 막아섰던 밤이었다
침엽수림의 허리로 차가운 달빛이 스며들었다
그때 원목들은 작은 죽음을 알았다

옹이의 틈으로 보이는 낡은 도시가 한결 따스하다

만찬

도스틱 식당의 만찬은 어둠이
검은 길을 밟고 나서 시작되었다
검은 길은 도스틱 식당으로 난 모든 길의 시작이었다
적어도 오늘은 그랬다

만찬은 길 이야기로부터 시작되었다
길은 오래되어 아스라했다
길은 그녀에게는 잊고 싶은 흔적이었다
양고기는 황무한 길을 건너오느라 섬유질 투성이였다
섬유질의 유랑은 그녀의 몸에서 시작되었다
몸이 길이고 몸이 달이었으니
길 위에 달이었다 달 위의 길이기도 했다
섬유질의 검은 얼굴로 식탁에 마주 앉은
그녀는 중앙아시아의 먼 길에 남아 있는 혈흔이었다
그녀는 혈흔을 지우며 오는 바람이었다
그녀는 혈흔을 선명하게 드러내는 가을비였다

그녀는 주름 많은 입술을 가리며 웃었다
그녀가 노래를 부르면 길이 솟구쳤다

노래는 길을 부르는 울음이었다

만찬이 끝나도 그녀의 노래는 끝나지 않았다
정한의 노래는 그녀의 몸속으로 난 길을 풀어놓았다

여기가 거진지, 혹 생 이전의 길은 아닌지
그녀는 웃었다 그리고 울었다
길이 따라 웃고 길이 따라 울었다

질문은 없었다
길은 질문 이전에 왔다가 질문 이전에 사라졌다
그녀가 사라진 길을 보며 지금도 울고 있다

쑥

퇴역 광부인 사내는 동굴 같은 목소리였다
낡은 봉고는 한국에서 폐차된 것을 들여왔을 것이다
카자흐에서 골짜기를 찾는 일은 천산산맥을 범하는 일
이다

세상에서 가장 아름다운 곳
그곳이 사내가 내게 보여주고자 하는 곳이다
봉고가 힘겹게 멈춘 계곡에서부터 걷기 시작한다
사내가 감탄하는 풍광은 참 보잘것없다
교목숲은 숲이라고 말하기 민망하다

숨이 턱에 찰 때쯤
사내는 나를 폐광의 입구에 세웠다
광구는 입을 벌리고 붉은 물을 콸콸 흘러내려 보냈다
바위도 붉게 물들고 돌들도 붉게 물들어 있다
천산산맥의 팔월은 그림자도 붉게 물든다
황동을 채굴하던 광구는
사내의 젊은 날들이 거미줄로 남아 있다
사내가 진폐가 아니었다면

기침 소리가 동굴처럼 울리지는 않았을 것이다

사내가 내게 보여주고 싶었던 폐광은
그의 젊은 날이었다 젊어 서러운 날은
팔월의 햇살을 피해 천산산맥으로 숨어든다

폐광을 돌아 나오는데
독한 쑥 내음이 지열을 타고 오른다
쑥들이 작은 잎들을
햇살에 말리는 쑥 향이다

사내는 멀리까지 진폐의 가슴을 쑥 향으로 보내고 싶은
거다

까라따우강에 잠긴 천산산맥

나는 까라따우강 검은 버드나무숲을 간다
숲은 오래 계속되지 않는다 까라따우강이
천산산맥에서 발원했다고 믿으면 마음이 편해진다
천산산맥은 멀고 마음은 강물에 젖어
검은 버드나무 가지에 걸린다

어제는 양고기 샤슬릭을 먹으며 울었다
까라따우강을 생각하며
까라따우 강물에 잠긴 천산산맥을 생각하며
강물 가까이 구릉도, 공동묘지도, 거친 벌판도 아니고
천산산맥이었으니,
천산산맥을 강물에 담고 까라따우강은
어디까지 흐르고 싶었던 것일까
그 정처 없는 물길을
생각하며 울었다
나이 탓이다 작은 생각 하나에도 눈물이 난다

검은 버드나무 가지에 바람이 걸린다
바람은 찢기지 않고

오래도록 버드나무 가지를 흔든다

내가 펄럭인다 또 눈물 나겠다

서둘러 까라따우강을 떠난다

데껠레 계곡의 햇살

데껠레 계곡에는 햇살이 풍요롭다

햇살은 이미 사람들 마음속에 붉은 사과를 주렁주렁 매달아놓았다

마음속 사과 알들이 붉어지기 전에 과목들은 울안에 짙은 사과 향을 풀어놓았다

젊은 김 목사의 교회는 사과 향 가득 차 늙은 신도들 볼 붉었다

오래된 목조 단층의 테라스에 햇살이 앉아 있다

햇살에 늙은 몸을 맡기고 앉아 있는 신도들이 김 목사에게는 꽃이다

늙은 신도들은 하루 종일 교회의 테라스에서 햇살을 암송한다

햇살은 성경이고 구원이고 영원이다

늙은 신도들은 데껠레 계곡에서 태어나 햇살을 암송하다 햇살이 된다

햇살 속에는 먼저 떠난 데껠레 사람들의 낡은 노동화가 떠다닌다

먼지가 된 뼈들이나 먼지가 된 계곡의 노래들이 함께

떠다닌다

　햇살은 젊은이들을 멀리 보내고 드넓은 사탕무밭은
　늙은 노동자들의 발소리로 표층의 단맛을 끌어올린다
　늙은 몸들이 김 목사의 교회 테라스에서 햇살을 고르는
동안
　사탕무밭, 늙은 발자국이 지워진다

　테라스 한 자리가 비었다

　그 자리에 빈 눈동자 앉는다

　햇살은 눈부시다

　붉은 사과 한 알이 툭 떨어진다

여파

저기… 혹 한국에서…

뒤돌아본 곳에 노인이 어린 여자아이 손을 잡고 서 있다

옆에 노파가 서 있다 어깨가 좁다

그런데요

내 말은 메마르게 건너갔다

하, 한국 사람을 오랫동안 보지 못해서, 반가워서… 뒷
모습이 한국인 같았지요 아들 내외가 이곳에 살아요 외환
위기 때 도망하듯 이곳 까작으로 왔어요 고려인들을 상대
로 옷 장사를 했어요 지금은 살 만한데도 한국으로 돌아
가지 않겠다 하는군요 어떻게 이 먼 곳을…

저기 우슈토베역을 보러 왔습니다

내 말은 메마르게 건너갔다

아, 역을 보시려고… 오래되고 낡은 역이지요 뭘 볼 게
있다고

아이가 노인의 옆구리를 찔렀다

아이가 사람이 그리워서 그러는 거니 이해하세요

노파가 또 노인의 옆구리를 찔렀다

어린 여자아이가 노인을 끌었다

노인은 끌려가며 손을 내저었다

잘 가라는 뜻인지 반갑다는 뜻인지
노인이 사람들 사이로 사라졌다
어린 여자아이의 미소가 사라지지 않고 그 자리에 있다

까마귀 떼가 우슈토베역 광장을 날아올랐다

역사를 행해 걷다 뒤돌아보았다

어린 여자아이의 미소가 아직도 그 자리에 환하다

여름 코스모스

데겔레의 여름 한낮은
모든 것들이 평면으로 서 있다
보라 색깔의 자두도
붉게 익어가는 사과도
하늘을 느릿느릿 흘러가는 흰 구름도
평면이다 폐동광에서 흘러온 급류도
계곡을 지나며 무게와 속도를 잃었다
데겔레에서는 까마귀가
평면으로 소리 없이 난다
부피를 잃어버린 땅 데겔레에서는
분노도 울음도 그리고
원한도 역사도 평면으로 바뀐다
평면은 침묵이다
평면은 어제이고 오늘이고 내일이다
평면은 정지이고 데겔레이다
나는 데겔레에 와서
나를 용서한다
여름 코스모스는 끝내 흔들림을 버렸다

수즈달*에서의 하루

수즈달에서는 해와 달이 같은 하늘에 머물러 있다

수즈달에서는 내 생각도 같은 자리를 맴돈다

* 러시아 블라디미르주의 도시.

범독泛讀

*

주문한 책『노발리스』를 받았다. 철학과 문학을 접목시키기 위해 노력한 낭만주의 시인이다. 김주연 교수의 역작이다.

노발리스는 1772년 북독일의 귀족 가문에서 태어났다. 젊은 시절 법학을 공부하는 한편 실러, 슐레겔 형제들과 교류하며 문학적 철학적 활동을 시작했다. 1798년『이테네움』에 「꽃가루」를 발표하며 문단에 나왔다. 1800년 서사-시 「밤의 찬가」를 발표하고 시적 은유로 가득찬 장편소설 「푸른 꽃」을 완성하지 못하고 1801년 29세의 젊은 나이로 요절했다.

1장과 2장을 건너뛰고 3장 "밤과 십자가, 그리고 에로스. 「밤의 찬가」에 나타난 시적 정체성"을 읽기 시작했다. 그의 연시 「밤의 찬가」를 알기 위해서다. 「밤의 찬가」는 소설 「파란 꽃」과 더불어 노발리스 문학의 정점이다.

"빛은 얼마나 초라하고/ 유치하게 생각되는지"로 김주연은 노발리스의 시를 안내한다. 그리고 "그 형형색색의 사물들로 인하여/ 낮과의 이별은/ 즐겁고 복되구나./ 밤이 당신에게서/ 수종드는 이들을 등지게 하는/ 오로지 그 이유 때문에/ 당신은 이 넓은 공간에/ 빛의 둥근 공들을/ 흩뿌려놓는구려.”라고 전개된다.

「밤의 찬가」 첫 문장은 “살아 있다면, 감각의 재능을 받았다면 그 누가 사랑하지 않겠는가, 그를 감싸고 펼쳐진 공간, 그 모든 찬란한 현상 중에서도 만물을 기쁘게 하는 빛을”이라고 시작된다.

「밤의 찬가」는 역사를 주요 시적 대상으로 하고 있다. 물론 에로스적 접근이 당연하게 이루어져 밤의 합일을 보이기도 한다. “당신이 오는군요. 연인이여-/ 밤이 여기에 왔다오-/ 나의 영혼은 황홀하네요-/ 세속의 낮은 지나가고/ 당신이 다시 내 것이 되었군요” 밤은 노발리스에 의해 찬양된다. 연인도 함께 찬양된다. 밤과 연인과 합일은 삼위일체를 이룬다. 황홀한 전개다. 뒤로 가면서 크리스트와 죽은 연인 소피는 동일시되는 과정을 겪는다.

저 아래 감미로운 신부
애인이신 예수에게로―
황혼이 깃들자 사랑하는 자
상심하는 자가 위로 받는다
꿈이 우리의 꿈을 풀어버리면서
우리를 아버지의 자궁으로 가라앉힌다

*

숄로호프의 『고요한 돈강』을 다시 읽어야겠다고 생각
했다. 그의 고향을 탐방한 글을 발견하고 나서다. 그 소설
은 그리고리와 악사냐의 이야기로만 읽었는데 혹 돈강의
이야기는 아닐까 하는 생각을 갖게 된 것이다.

그의 고향을 흐르고 있는 돈강은 한 시인을 몸살 앓게
했다.

돈강은 빠른 유속 속에 수많은 코샤크인들의 적나라한
모습을 담아 흐르는 것이라고 느낀다.

그렇게 생각한다.

그의 고향 뵤센스카야는 조용하다

그의 집에서는 강물 소리가 들리지 않는다
그는 백화나무 그늘 아래, 긴 잠에 들었다
흰색 묘지석에는 그의 이름이 소박하게 새겨져 있다

그는 참배객들이 돌아가면 조용히 일어나 강언덕을 향한다
수만 년 유유히 흐르는 돈강을 본다
물빛은 생전처럼 변함이 없다
그는 혼잣말을 한다

'그 소설은 그리고리와 악사냐의 이야기가 아니라 돈강의 이야기

야. 돈강의 무수한 삶을 그려보고 싶었어. 이념이나 가치나 윤리를 버리고 온전히 욕망으로 살아가는 코사크 사람들의 모습을 보여주고 싶었던 거야."

　돈강은 그의 소설보다 훨씬 많은 삶을 품고 흐르는 걸 그는 안다

　그는 환생을 꿈꾼다
　그는 돈강의 이야기를 다시 쓰고 싶다
　그는 자주 두 평 남짓한 좁다란 집필실에 놓여 있는 책상과 의자를 쓰다듬었다
　고뇌를 풀어가던 잉크 스탠드와 두 개의 펜은 그대로다

　강언덕에서 돌아온 그는 초라한 흙침대 위에 놓인 꽃들을 챙겨 눕는다

　백화나무 그늘이 사라지고 돈강이 그의 유택을 고요하게 흐른다
　— 졸시, 「백화나무 그늘」 전문

*

　이어령을 생각한다.

　그가 노년에, 그것도 암과 싸우면서 화두로 삼은 말이 '눈물 한 방울'이다.
　자신의 생명이 하루하루 쇠잔해가는 것을 지켜보며 그

는 이 시제를 생각했던 것이다.

매일 초인적인 의지로 한 줄 한 줄 새기듯이 써 내려가는 그의 시편들이 『눈물 한 방울』이라는 시집으로 출간되는 것을 그가 볼 수 있었으면 좋겠다.

그렇게 기도하고 싶다.

그는 한국 최고의 석학이며 미래학자이기도 하다.

그러므로 '눈물 한 방울'은 국민들에게 던지는 명제며 사랑과 화합의 시대를 열어가라는 명령이다.

88서울올림픽에서 굴렁쇠 소년을 선보인 이어령은 평생 한국의 미래를 생각했다.

*

카잔차키스의 『영혼의 자서전』을 읽다.

친구와 수도원을 찾아다니는 이야기가 흥미롭다. 디오니시우 수도원의 수사 중에 그에게 자신의 죄를 고백하는 장면이 인상 깊다. 수도원 문간에서 아기에게 젖을 먹이는 여자의 젖가슴을 본 후 수사는 불을 꺼도 잠을 자도 ㅎ-얀 젖무덤이 떠올랐다. 꿈에 그 젖무덤을 정신없이 빠는 자신을 본 후 수사는 절망한다.

그 꿈 이후 문간에서 보았던 여인이 음식 한 접시와 포도주 한 잔을 저녁 식사로 가져다주었다. 수사는 처음에는 먹었지만 나중에는 며칠 동안 입에도 대지 않았다. 그녀는 왜 식사를 하지 않느냐고 물었다. 그날은 그녀가 서서 대답을 기다렸다. 한참을 서 있던 여자가 문으로 향해서 걸어가려는 순간 수사는 그녀를 뒤에서 안아 침대에 눕혔다. 여자는 아침에 조용히 수사의 방을 나갔다. 수사는 그 밤에 부활을 경험했다.

그리고 카잔차키스는 다음과 같은 문장으로 상권을 끝낸다.

"나는 할 바를 알았으니 시나이로 가리라. 그곳에서 나는 눈을 뜨리라."

*

메리 올리버Mary Oliver의 시선집 『기러기』를 읽다.

그녀의 시는 청빈하다. 맑고 투명하고 따뜻하다. 수많은 꽃 이름, 나무 이름, 동물 이름, 곤충 이름을 알고 있다. 하나하나 찾아서 알아간 것들일 것이다. 그것들을 오래도록 응시한 것이다. 놀랍다. 응시 속에 깨달음이 있고 타이름이 있다. 위로가 있고 미소가 있다.

「당신이 할 수도 있는 몇 가지 질문들」이 좋았다.

'영혼은 쇠처럼 단단할까?
아니면 올빼미 부리 속 나방의 날개처럼
가냘프고 부러지기 쉬울까?'

나는 그녀의 이 질문에 "네 영혼은 가냘프고 부러지기 쉽다"고 대답한다.

그리고 표제시 「기러기」를 꼼꼼하게 읽었다. 첫 행이 인상적이었다.

'착하지 않아도 돼.
참회하며 드넓은 사막을
무릎으로 건너지 않아도 돼.
그저 너의 몸이라는 여린 동물이
사랑하는 걸 사랑하게 하면 돼.
너의 절망을 말해봐. 그럼 나의 절망도 말해주지.
그러는 사이에도 세상은 돌아가지.
그러는 사이에도 태양과 투명한 조약돌 같은 비가
풍경을 가로질러 지나가지.
초원들과 울창한 나무들.
산들과 강들 위로.
그러는 동안에도 기러기들은 맑고 푸른 하늘을 높이 날아
다시 집으로 향하지.
네가 누구든, 얼마나 외로든

세상은 너의 상상에 맡겨져 있지,
저 기러기들처럼 거칠고 흥겨운 소리로 너에게 소리치지-
세상 만물이 이룬 가족 안에 네가 있음을
거듭거듭 알려주지.'

생이란 참회하며 살아야 한다고, 그게 인간이라고 우리
들은 생각하며 산다. 하지만 참회하지 않으며 산다. 그리
고 죄의식을 놓지 못한다. 그런데 메리 올리버는 착하지
않아도 된다고 말한다. 참회하지 않아도 된다고 우리들을
위로한다. 우리가 누구든 얼마나 외롭든 세상은 우리들의
상상에 맡겨져 있다고 노래한다. 그리고 세상의 만물이
이룬 가족 안에 우리들이 있음을 깨우쳐준다.

*

영화 〈밤에 우리의 영혼은Our Souls at Night〉은 켄트 하루
프의 동명의 소설을 바탕으로 한 리테쉬 바트라 감독 작
품이다. 노년의 조용한 사랑을 그렸다. 로버트 레드퍼드
와 제인 폰다가 할아버지와 할머니로 분했다. 분장을 디
테일하게 해서 진짜 노인 같다. 아내와 남편이 세상을 떠
나고 두 노인은 홀로 한 동네에서 살아간다. 먼저 노크한
것은 제인 폰다다. 로버트 레드퍼드의 현관문을 노크한
그녀는 쑥스러운 제안을 한다. 자기 집에서 함께 잠을 자

달라고. 섹스를 원하는 것은 아니라고. 레드퍼드는 밤에 그녀의 집을 찾아간다. 그리고 한 침대에서 잠을 잔다. 그렇게 노년의 사랑은 시작된다. 그림이 담백하다. 욕망의 부끄러운 모습은 없다. 설렘도 전율도 없다. 따스한 인간의 인간다움이 있을 뿐이다. 정이라는 말이 어울릴 것이다. 영화는 정이 흐른다.

*

영화 〈Before Sunset〉은 유쾌한 과거지향의 영화다. 리처드 링콜 레이더 감독이 메가폰을 잡았다. 에단 호크가 제시 역을, 줄리 델피가 셀린 역을 분했다. 비엔나에서 두 사람은 다시 조우한다. 6개월 후에 파리에서 만나자고 했던 약속은 셀린의 할머니 장례로 지켜지지 않았고 세월은 흘러 9년 후에 비엔나에서 만난 것이다. 제시는 유명한 작가로 비엔나의 셰익스피어 서점에서 독자와의 만남이 있는 자리에 셀린이 나타난 것이다. 한 시간 후 비행기에 올라야 하는 제시는 셀린이 이끄는 대로 거리를 걸으며 지난날의 꿈같은 이야기에 빠진다. 결국 셀린의 집까지 가게 되고 셀린의 기타 반주로 그녀의 노래를 듣는다. 처음부터 끝까지 두 사람만으로 영화를 찍었으니 출연료는 적게 들었을 것이다. 세트장을 짓지도 않았다. 비엔나의 거리에서 촬영이 되었으니 저예산 영화일 것이다. 과거를 이

들처럼 유쾌하게 소환하는 사람들은 흔치 않을 것이다. 그런 친구를 두고 있다면 행복한 사람이다. 🏷

달아실에서 펴낸 김윤배의 시집

『살아남은 사람들, 시베리아 횡단열차』(2024)

달아실시선 100

디아스포라의 발자국 — 러시아 시편

1판 1쇄 발행	2025년 10월 29일
지은이	김윤배
발행인	윤미소
발행처	(주)달아실출판사
책임편집	박제영
기획위원	박정대, 이홍섭, 전윤호
편집위원	김선순, 이나래
디자인	전부다
법률자문	김용진, 이종진
주소	강원도 춘천시 춘천로 257, 2층
전화	033-241-7661
팩스	033-241-7662
이메일	dalasilmoongo@naver.com
출판등록	2016년 12월 30일 제494호

ⓒ 김윤배, 2025
ISBN 979-11-7207-076-2 03810